escola - School　　　　　　　　　　　　　　　　2
viagem - Törn　　　　　　　　　　　　　　　　　5
transporte - Transport　　　　　　　　　　　　8
cidade - Stadt　　　　　　　　　　　　　　　　10
paisagem - Landschop　　　　　　　　　　　　14
restaurante - Spieslokal　　　　　　　　　　　17
supermercado - Supermarkt　　　　　　　　　20
bebidas - Drünk　　　　　　　　　　　　　　　22
comida - Eten　　　　　　　　　　　　　　　　23
fazenda - Buernhoff　　　　　　　　　　　　　27
casa - Huus　　　　　　　　　　　　　　　　　31
sala de estar - Wahnstuuv　　　　　　　　　　33
cozinha - Köök　　　　　　　　　　　　　　　35
banheiro - Baadstuuv　　　　　　　　　　　　38
quarto de criança - Kinnerstuuv　　　　　　　42
vestuário - Tüüch　　　　　　　　　　　　　　44
escritório - Büro　　　　　　　　　　　　　　49
economia - Weertschop　　　　　　　　　　　51
profissões - Profeschonen　　　　　　　　　　53
ferramentas - Warktüüch　　　　　　　　　　56
instrumentos musicais - Musikinstrumenten　　57
zoológico - Deertenpark　　　　　　　　　　　59
esportes - Sport　　　　　　　　　　　　　　62
atividades - Aktivitäten　　　　　　　　　　　63
família - Familje　　　　　　　　　　　　　　67
corpo - Lief　　　　　　　　　　　　　　　　68
hospital - Krankenhuus　　　　　　　　　　　72
emergência - Nootfall　　　　　　　　　　　　76
Terra - Eerd　　　　　　　　　　　　　　　　77
relógio - Klock　　　　　　　　　　　　　　　79
semana - Week　　　　　　　　　　　　　　　80
ano - Johr　　　　　　　　　　　　　　　　　81
formas - Formen　　　　　　　　　　　　　　83
cores - Farven　　　　　　　　　　　　　　　84
opostos - Gegendelen　　　　　　　　　　　　85
números - Tallen　　　　　　　　　　　　　　88
idiomas - Spraken　　　　　　　　　　　　　90
quem / o quê / como - wokeen / wat / wo　　　91
onde - wo　　　　　　　　　　　　　　　　　92

Impressum
Verlag: BABADADA GmbH, Nedderfeld 112 , 22529 Hamburg
Geschäftsführer / Verlagsleitung: Harald Hof
Druck: Books on Demand GmbH, In de Tarpen 42, 22848 Norderstedt

Imprint
Publisher: BABADADA GmbH, Nedderfeld 112 , 22529 Hamburg, Germany
Managing Director / Publishing direction: Harald Hof
Print: Books on Demand GmbH, In de Tarpen 42, 22848 Norderstedt, Germany

escola

School

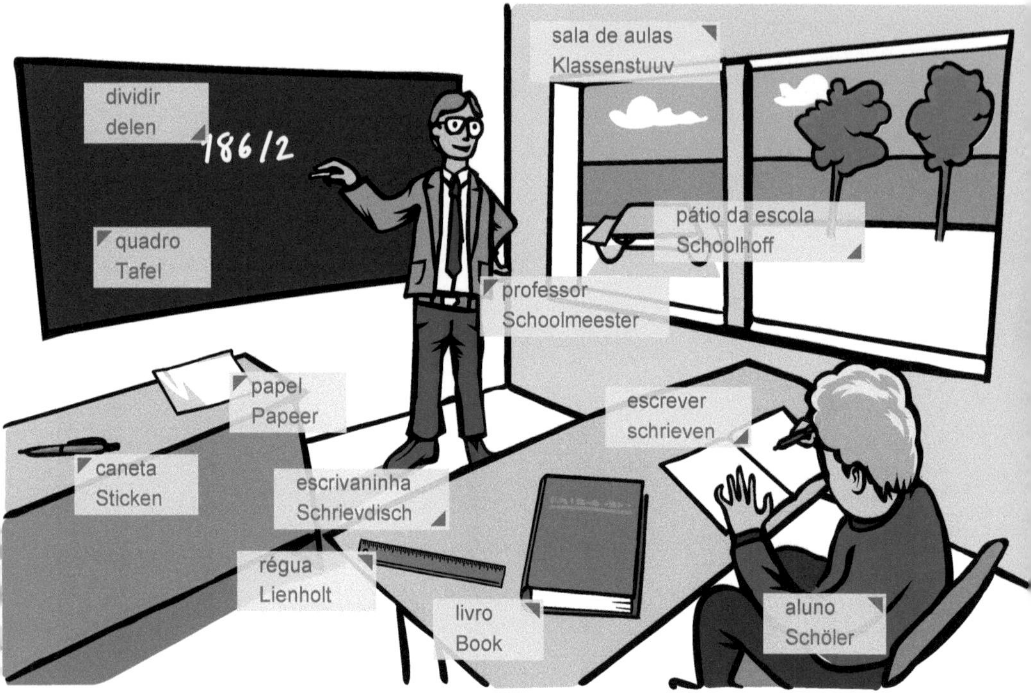

sala de aulas
Klassenstuuv
dividir
delen
186/2
quadro
Tafel
pátio da escola
Schoolhoff
professor
Schoolmeester
papel
Papeer
escrever
schrieven
caneta
Sticken
escrivaninha
Schrievdisch
régua
Lienholt
livro
Book
aluno
Schöler

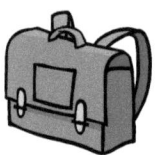

sacola
Ranzel

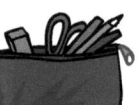

estojo de lápis
Feddermapp

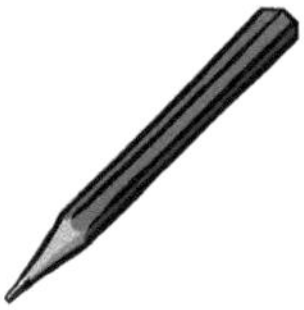

lápis
Bleesticken

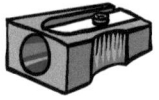

apontador de lápis
Scharpmaker

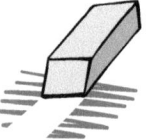

borracha
Radeergummi

bloco de desenho
Tekenblock

desenho

Teken

pincel

Pinsel

estojo de tintas

Malkassen

tesoura

Scheer

cola

Klever

livro de exercícios

Heft to'n Öven

lição de casa

Huusopgaav

número

Tall

somar

tohooptellen

subtrair

aftrecken

multiplicar

malnehmen

calcular

reken

letra

Bookstaav

alfabeto

ABC

palavra

Woort

texto

Text

ler

lesen

giz

Kried

hora

Stunn

registro da classe

Klassenbook

exame

Pröven

certificado

Tüügnis

uniforme escolar

Schooluniform

educação

Utbillen

enciclopédia

Nakieksel

universidade

Universität

microscópio

Mikroskop

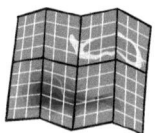

mapa

Koort

cesto de lixo

Papeerkorf

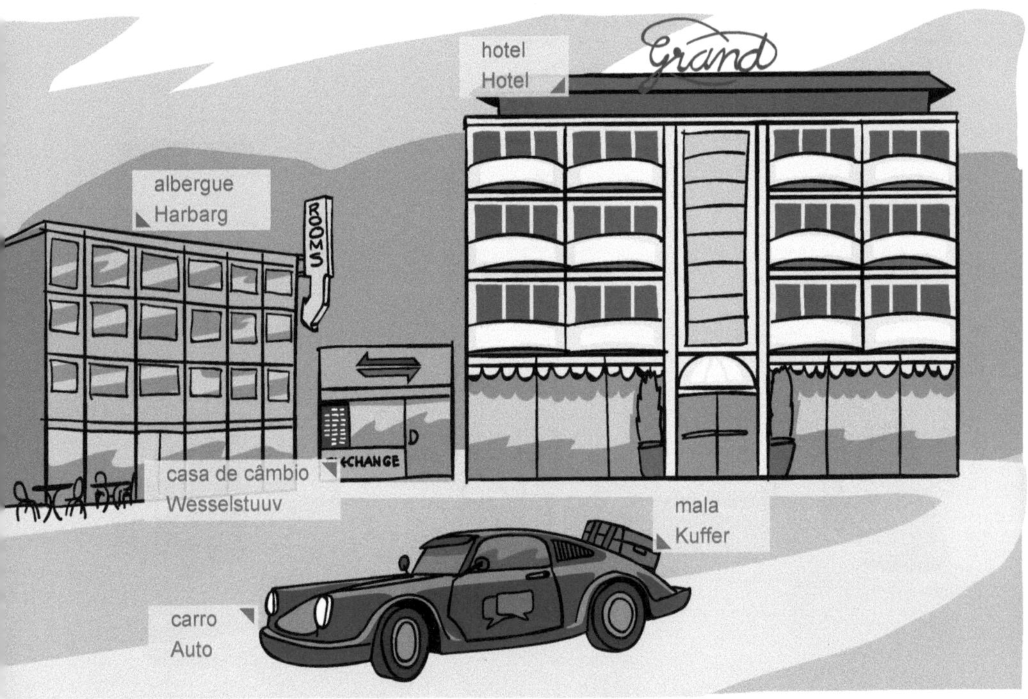

hotel
Hotel
Grand
albergue
Harbarg
ROOMS
EXCHANGE
casa de câmbio
Wesselstuuv
mala
Kuffer
carro
Auto

idioma
Spraak

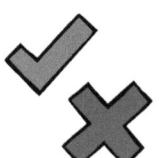

sim / não
jo / ne

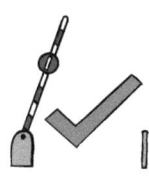

ok
Jo

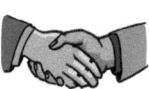

Olá
Moin

tradutor
Översetter

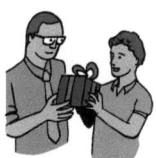

obrigado
Dank ok

quanto custa...?

Wat kost...?

eu não entendo

Ik verstah nich

problema

Problem

boa noite!

Goden Avend

Bom dia!

Moin!

Boa noite!

Gode Nacht!

até logo

Tschüüs

direção

Richt

bagagem

Bagaasch

bolsa

Tasch

mochila

Rüchsack

convidado

Gast

quarto

Stuuv

saco de dormir

Slaapsack

barraca

Telt

informação turística

Touristeninformatschoon

praia

Strand

cartão de crédito

Kreditkoort

café da manhã

Fröhstück

almoço

Meddageten

jantar

Avendeten

bilhete

Fohrkort

elevador

Fohrstohl

selo

Breefmark

fronteira

Grenz

alfândega

Toll

embaixada

Bottschop

visto

Visum

passaporte

Pass

transporte
Transport

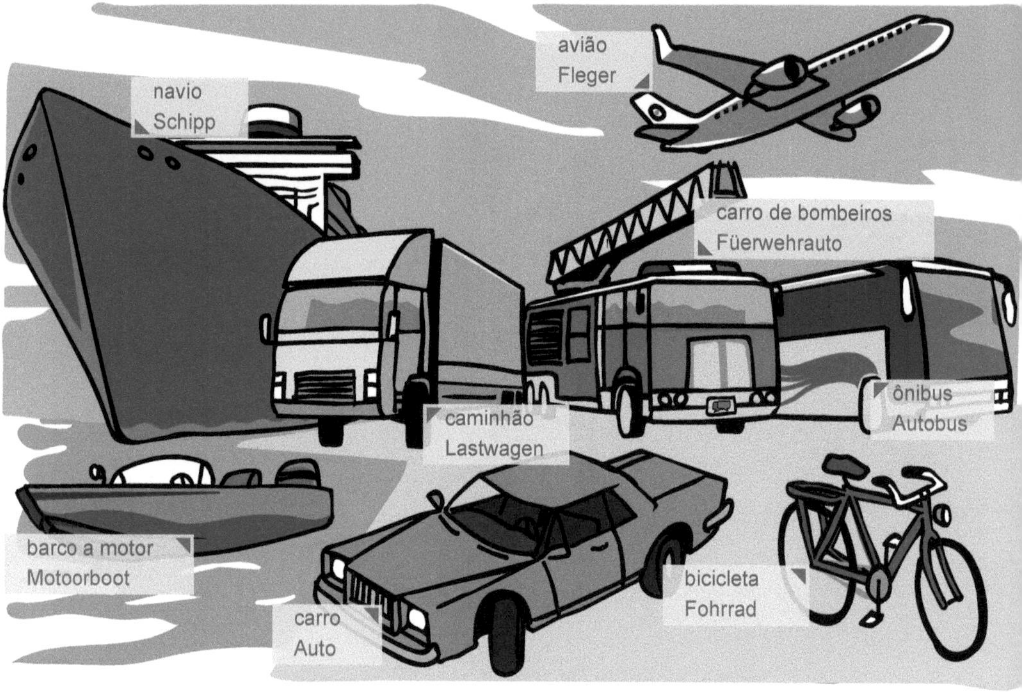
avião
Fleger
navio
Schipp
carro de bombeiros
Füerwehrauto
ônibus
Autobus
caminhão
Lastwagen
barco a motor
Motoorboot
bicicleta
Fohrrad
carro
Auto

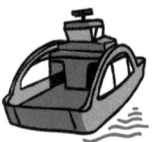

balsa
Fähr

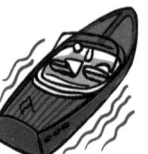

barco
Boot

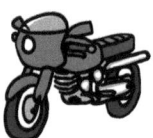

motocicleta
Motoorrad

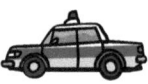

veículo policial
Polizeiauto

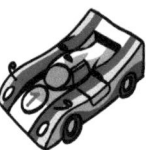

carro de corrida
Rönnauto

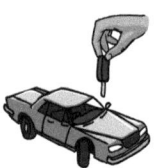

carro de aluguel
Lehnwagen

compartilhamento de automóvel	caminhão de reboque	caminhão de lixo
Carsharing	Afsleepwagen	Müllauto

motor	combustível	posto de gasolina
Motoor	Kraftstoff	Tanksteed

 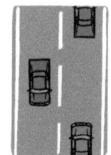 

placa de trânsito	trânsito	trânsito lento
Verkehrsschild	Verkehr	Stau

estacionamento	estação de trem	trilhos
Afstellplatz	Bahnhoff	Sporen

 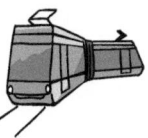 

trem	bonde	vagão
Tog	Stratenbahn	Wagon

helicóptero

Dwarsmöhl

aeroporto

Flooghaven

torre

Tower

passageiro

Fohrgast

contêiner

Grootkist

cartolina

Karton

carroça

Koor

cesto

Korf

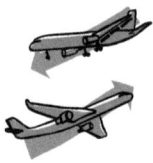

decolar / pousar

starten / lannen

cidade
Stadt

vilarejo

Dörp

centro da cidade

Binnenstadt

casa

Huus

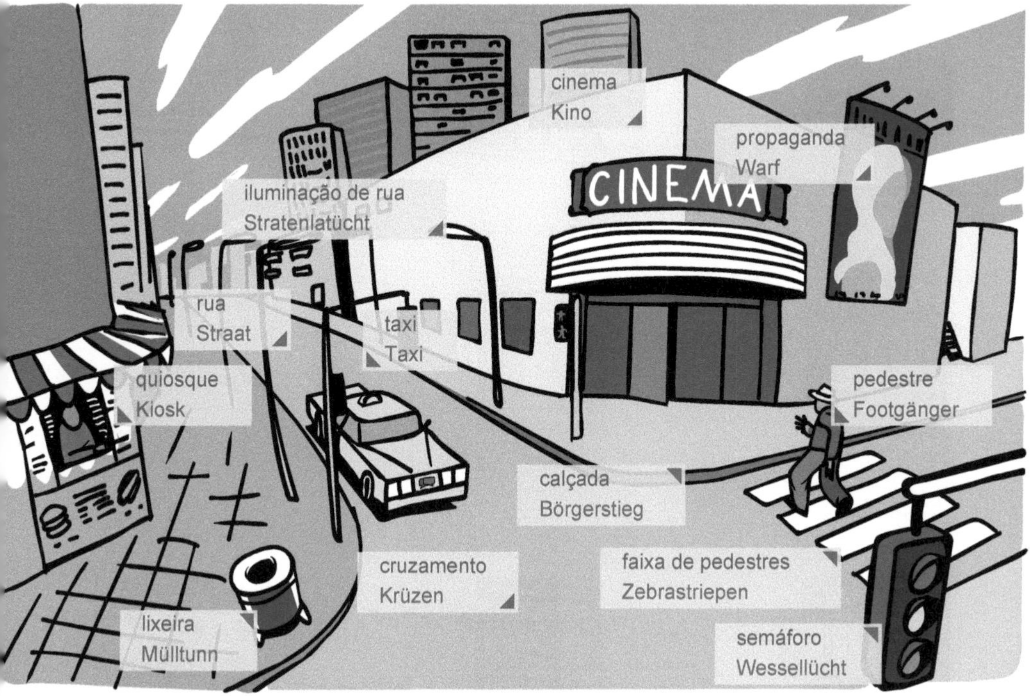
cinema
Kino
propaganda
Warf
CINEMA
iluminação de rua
Stratenlatücht
rua
Straat
taxi
Taxi
quiosque
Kiosk
pedestre
Footgänger
calçada
Börgerstieg
cruzamento
Krüzen
faixa de pedestres
Zebrastriepen
lixeira
Mülltunn
semáforo
Wessellücht

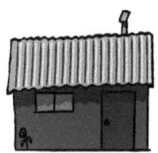

cabana

Hütt

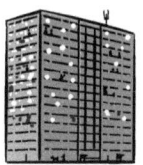

apartamento

Wahnung

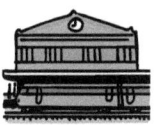

estação de trem

Bahnhoff

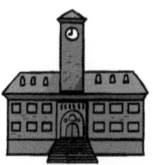

prefeitura

Raathuus

MUSEUM

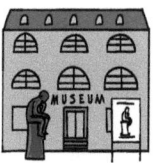

museu

Museum

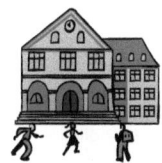

escola

School

universidade

Universität

banco

Bank

hospital

Krankenhuus

hotel

Hotel

farmácia

Afteek

escritório

Büro

livraria

Bookhökerie

loja

Hökerie

floricultura

Blomenhökerie

supermercado

Supermarkt

mercado

Markt

loja de departamentos

Koophuus

peixaria

Fischhökerie

centro comercial

Inkoopszentrum

porto

Haven

parque

Parkanlaag

banco

Bank

ponte

Brüch

escadas

Trepp

metrô

Ünnergrundbahn

túnel

Tunnel

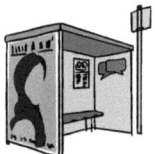

ponto de ônibus

Busstoppsteed

bar

Bar

restaurante

Spieslokal

caixa de correspondência

Breefkassen

placa de rua

Stratenschild

parquímetro

Parkklock

zoológico

Deertenpark

piscina

Baadanstalt

mesquita

Moschee

fazenda
Buernhoff

poluição
Ümweltversmudden

cemitério
Karkhoff

igreja
Kark

parquinho
Speelplatz

templo
Tempel

paisagem
Landschop

folha
Blatt

placa de sinalização
Wiespahl

caminho
Weg

gramado
Wisch

pedra
Steen

árvore
Boom

caminhantes
Wannerer

rio
Fluss

grama
Gras

flor
Bloom

vale

Daal

montanha

Barg

lago

See

floresta

Holt

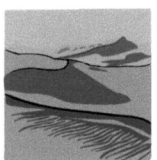

deserto

Wööst

vulcão

Füerspien Barg

castelo

Slott

arco-íris

Regenbagen

cogumelo

Poggenstohl

palmeira

Palm

mosquito

Steekmück

mosca

Fleeg

formiga

Miegeemk

abelha

Imm

aranha

Spinn

paisagem - Landschop

besouro

Sebber

sapo

Pogg

esquilo

Katteker

ouriço

Swienegel

lebre

Haas

coruja

Uul

pássaro

Vagel

cisne

Swaan

javali

Wildswien

veado

Hirsch

alce

Elk

barragem

Staudamm

aerogerador

Windrad

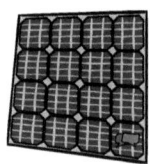

painel solar

Solarmodul

clima

Klima

restaurante
Spieslokal

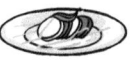

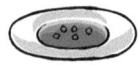

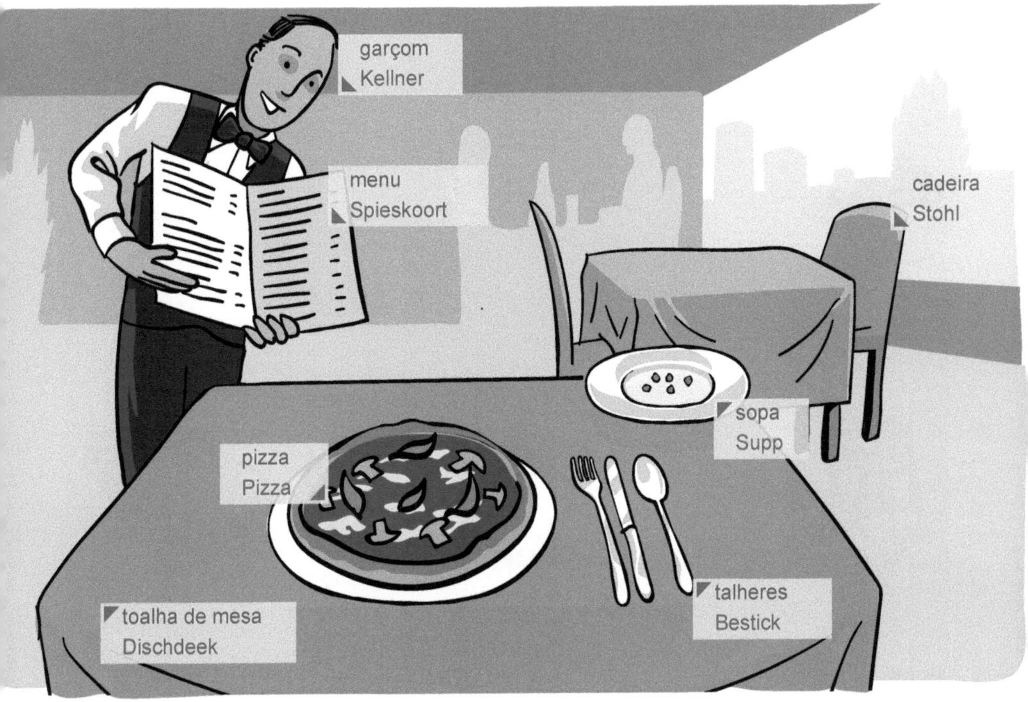
garçom
Kellner
menu
Spieskoort
cadeira
Stohl
sopa
Supp
pizza
Pizza
toalha de mesa
Dischdeek
talheres
Bestick

entrada
Vörspies

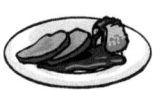

prato principal
Haupteten

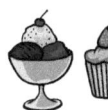

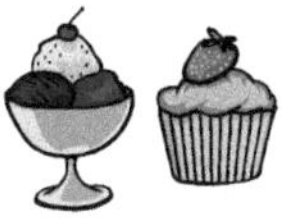

sobremesa
Nadisch

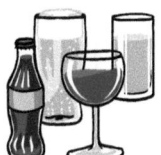

bebidas
Drünk

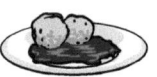

comida
Eten

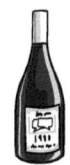

garrafa
Buddel

fastfood

Fastfood

comida de rua

Strateneten

bule de chá

Teekann

açucareiro

Zuckerdoos

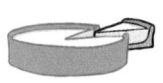

porção

Portschoon

máquina de expresso

Espressomaschien

cadeirão

Hoochstohl

conta

Reken

bandeja

Tablett

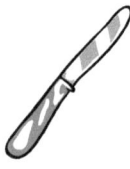

faca

Mess

garfo

Gavel

colher

Lepel

colher de chá

Teelepel

guardanapo

Munddook

copo

Glas

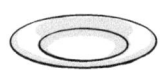

prato
....
Töller

prato de sopa
....
Suppentöller

pires
....
Ünnertass

molho
....
Sooß

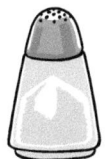

saleiro
....
Soltstreuer

moedor de pimenta
....
Pepermöhl

vinagre
....
Etig

óleo
....
Ööl

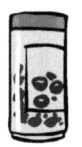

especiarias
....
Krüder

ketchup
....
Ketchup

mostarda
....
Mostrich

maionese
....
Mayonnaise

supermercado
Supermarkt

oferta especial
Anbott
FOR
cliente
Kunn
laticínios
Melkprodukten
frutas
Aaft
carrinho de compras
Inkoopswagen

BUTCHERS

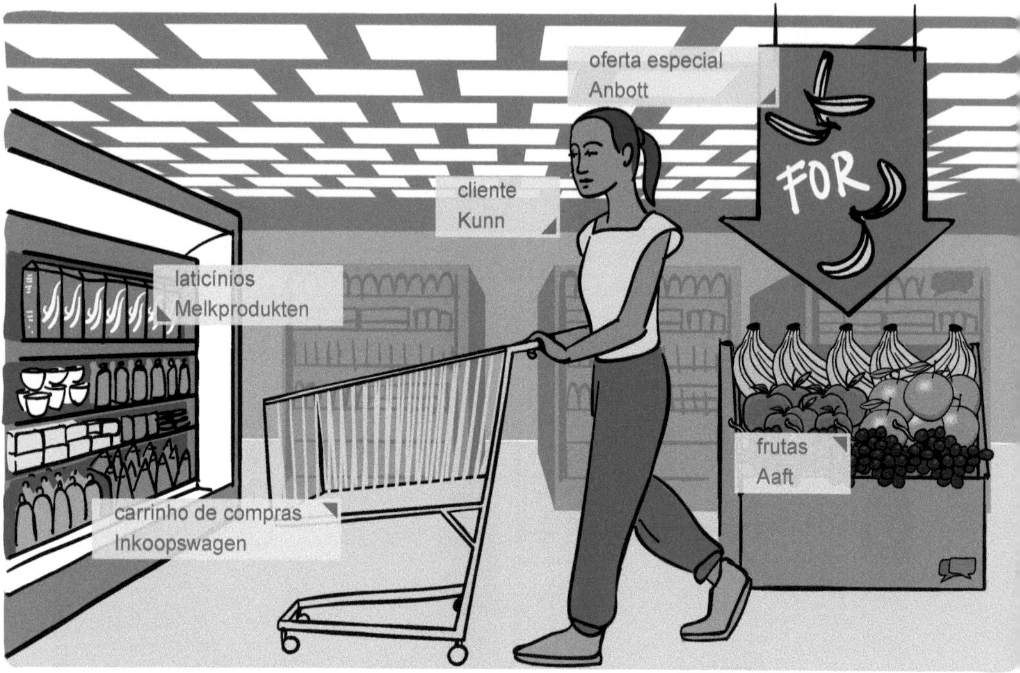

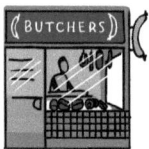

açougue

Slachterie

BAKERY

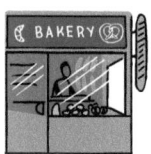

padaria

Bäckerie

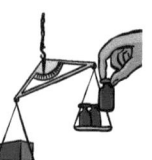

pesar

wegen

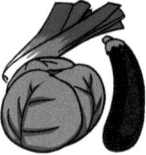

legumes

Gröönsaken

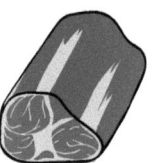

carne

Fleesch

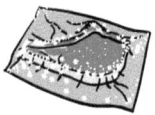

congelados

Deepköhlkost

charcutaria
....
Opsnitt

conservas
....
Konserven

detergente em pó
....
Waschmiddel

doces
....
Snoopkraam

artigos domésticos
....
Huushooltssaken

produtos de limpeza
....
Reinmaaktüüch

vendedora
....
Verköpersche

caixa
....
Kass

caixa
....
Kasserer

lista de compras
....
Inkoopslist

horário de funcionamento
....
Opsparrtieden

carteira
....
Breeftasch

cartão de crédito
....
Kreditkoort

sacola
....
Tasch

saco plástico
....
Plastiktüüt

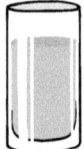

água
Water

suco
Saft

leite
Melk

coca-cola
Cola

vinho
Wien

cerveja
Beer

álcool
Spriet

cacau
Kakao

chá
Tee

café
Koffie

expresso
Espresso

cappuccino
Cappucino

banana

Banaan

maçã

Appel

laranja

Appelsien

melão

Meloon

limão

Zitroon

cenoura

Wöttel

alho

Knuuvlook

bambu

Bambus

cebola

Zibbel

cogumelo

Poggenstohl

nozes

Nööt

macarrão

Nudeln

espaguete

Spaghetti

arroz

Ries

salada

Salat

batatas fritas

Pommes frites

batatas frias

Braadkantüffeln

pizza

Pizza

hambúrger

Hamborger

sanduíche

Sandwich

escalope

Snitzel

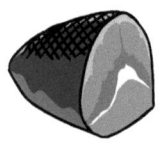

presunto

Schinken

salame

Salami

salsicha

Wust

galinha

Hohn

assado

Braden

peixe

Fisch

flocos de aveia

Haverflocken

granola

Müsli

flocos de milho

Cornflakes

farinha

Mehl

croissant

Croissant

pãozinho

Rundstück

pão

Broot

torrada

Toast

biscoitos

Keksen

manteiga

Botter

requeijão

Quark

bolo

Koken

ovo

Ei

ovo frito

Spegelei

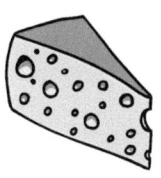

queijo

Kees

sorvete

les

açúcar

Zucker

mel

Honnig

geleia

Marmelaad

creme de avelãs

Nougat-Creme

curry

Curry

comida - Eten

fazenda
Buernhoff

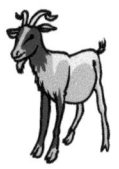

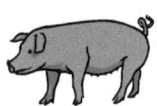

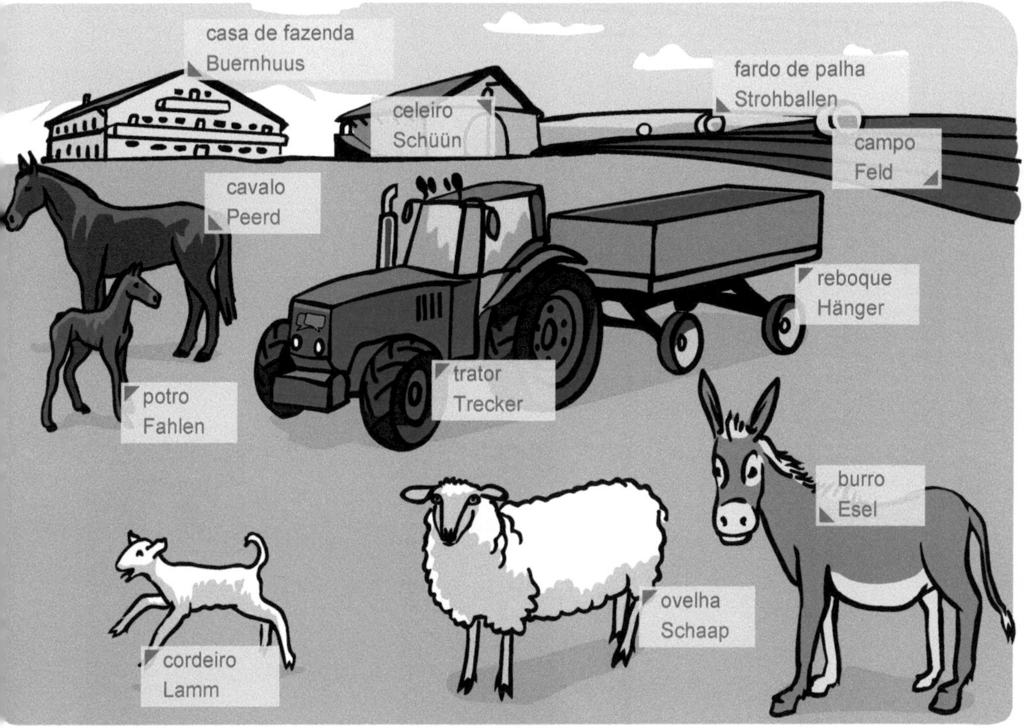

casa de fazenda
Buernhuus
celeiro
Schüün
fardo de palha
Strohballen
campo
Feld
cavalo
Peerd
reboque
Hänger
trator
Trecker
potro
Fahlen
burro
Esel
ovelha
Schaap
cordeiro
Lamm

cabra

Zeeg

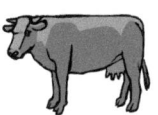

vaca

Koh

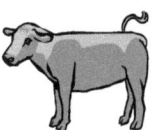

bezerro

Kalf

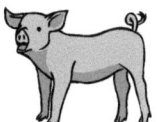

porco

Swien

leitão

Farken

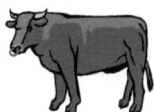

touro

Bull

ganso

Goos

pato

Aant

pintinho

Küken

galinha

Hohn

galo

Hahn

ratazana

Rott

gato

Katt

camundongo

Muus

boi

Oss

cachorro

Hund

casinha do cachorro

Hunnenhütt

mangueira de jardim

Goornslauch

regador

Geetkann

foice

Lee

arado

Ploog

foice

Sich

enxada

Hack

forquilha

Mestfork

machado

Ext

carrinho de mão

Schuufkoor

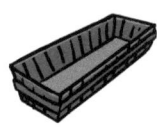

manjedoura

Trog

jarra de leite

Melkkann

saco

Sack

cerca

Tuun

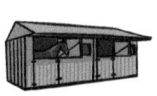

estábulo

Stall

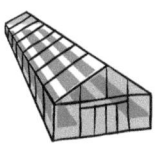

estufa

Drievhuus

solo

Bodden

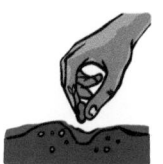

semente

Saat

fertilizante

Dünger

colheitadeira

Meihdöscher

colher
oornen

colheita
Oorn

inhame
Yamswöttel

trigo
Weten

soja
Soja

batata
Kantüffel

milho
Törksche Weten

colza
Rapp

árvore frutífera
Aaftboom

mandioca
Troopsch Kantüffel

cereais
Koorn

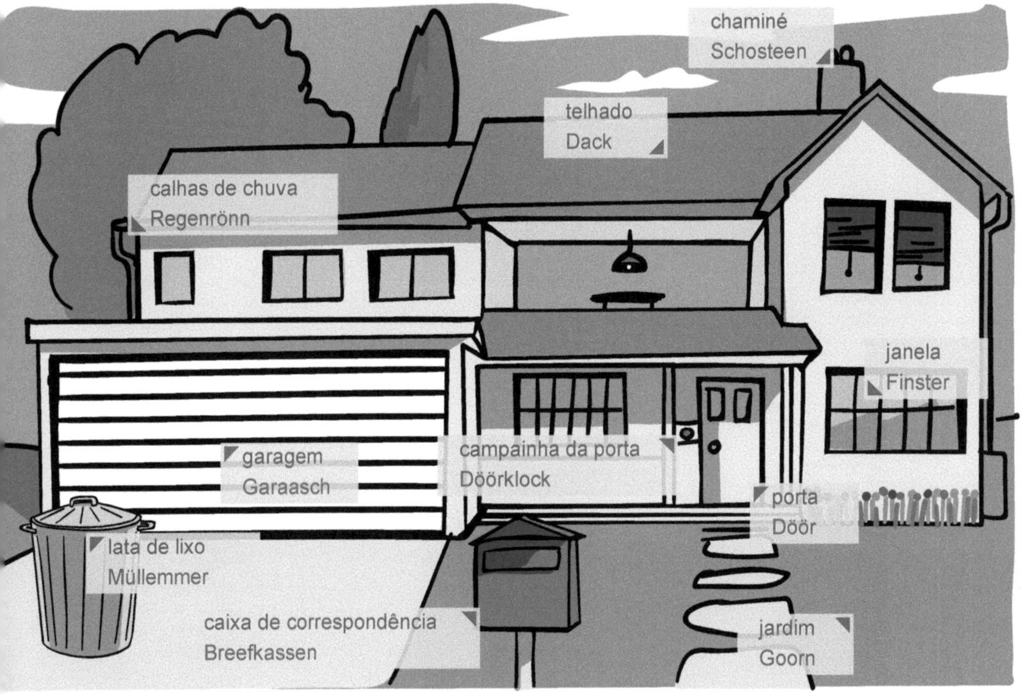

chaminé
Schosteen

telhado
Dack

calhas de chuva
Regenrönn

janela
Finster

garagem
Garaasch

campainha da porta
Döörklock

porta
Döör

lata de lixo
Müllemmer

caixa de correspondência
Breefkassen

jardim
Goorn

sala de estar
Wahnstuuv

banheiro
Baadstuuv

cozinha
Köök

quarto de dormir
Slaapstuuv

quarto de criança
Kinnerstuuv

sala de jantar
Eetstuuv

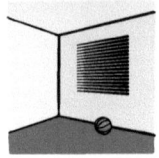

chão

Footbodden

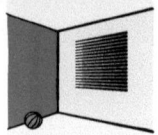

parede

Wand

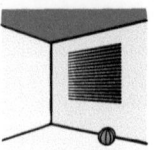

teto

Deek

porão

Keller

sauna

Hittluftbad

varanda

Balkon

terraço

Terrass

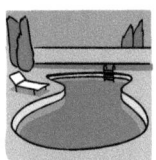

piscina

Swümmbad

cortador de grama

Rasenmeiher

lençol

Bettbetog

coberta

Bettdeek

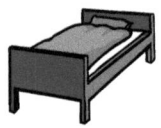

cama

Puuch

vassoura

Bessen

balde

Emmer

interruptor

Schalter

sala de estar
Wahnstuuv

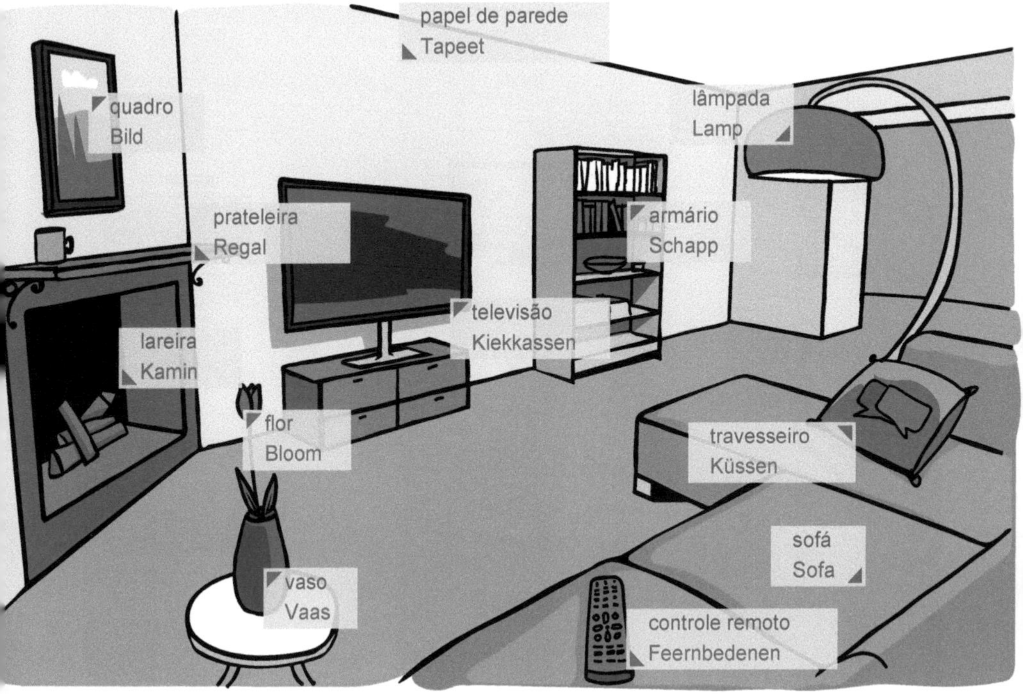
papel de parede
Tapeet
quadro
Bild
lâmpada
Lamp
prateleira
Regal
armário
Schapp
televisão
Kiekkassen
lareira
Kamin
flor
Bloom
travesseiro
Küssen
sofá
Sofa
vaso
Vaas
controle remoto
Feernbedenen

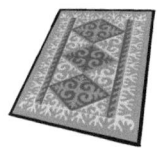

tapete
Teppich

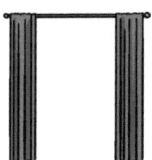

cortina
Vörhang

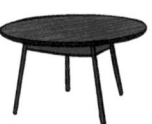

mesa
Disch

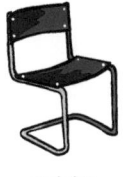

cadeira
Stohl

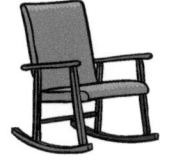

cadeira de balanço
Schuckelstohl

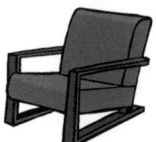

poltrona
Sessel

livro

Book

cobertor

Deek

decoração

Dekoratschoon

lenha

Füerholt

filme

Film

equipamento de som

Stereoanlaag

chave

Slötel

jornal

Narichtenblatt

pintura

Gemälde

pôster

Poster

rádio

Radio

bloco de notas

Opschrievblock

aspirador

Huulbessen

cacto

Kaktus

vela

Kars

cozinha
Köök

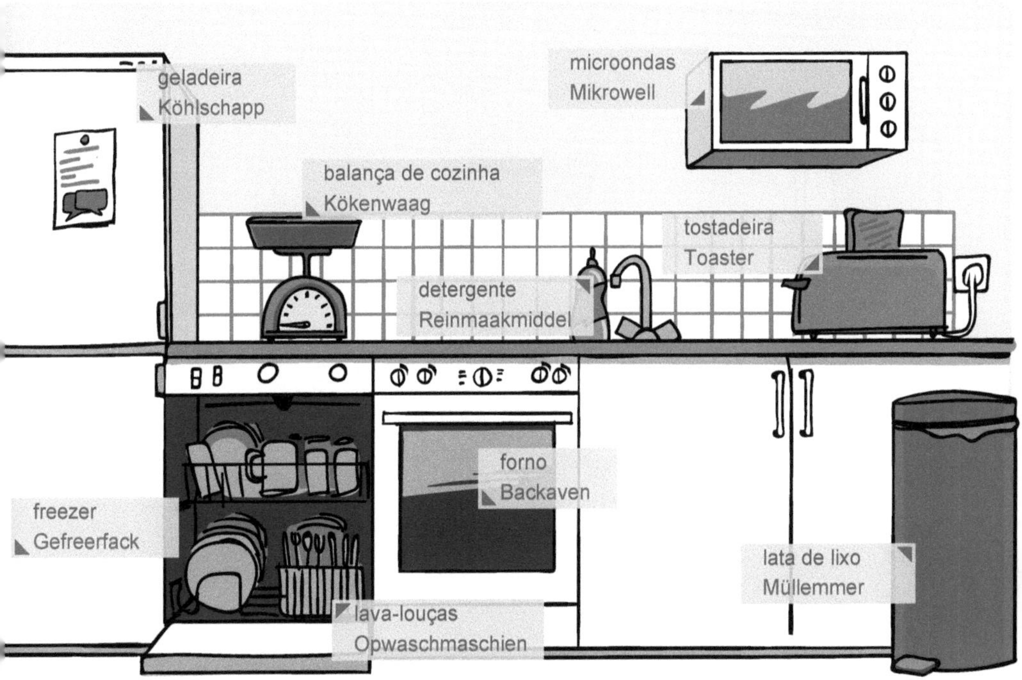
geladeira
Köhlschapp
microondas
Mikrowell
balança de cozinha
Kökenwaag
tostadeira
Toaster
detergente
Reinmaakmiddel
forno
Backaven
freezer
Gefreerfack
lata de lixo
Müllemmer
lava-louças
Opwaschmaschien

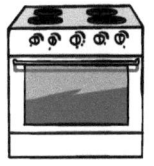

fogão

Heerd

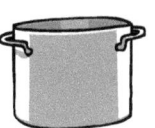

panela

Pott

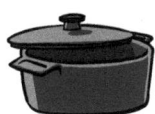

panela de ferro

Gussiesern Putt

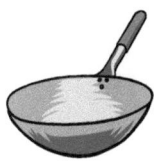

wok / kadai

Wok / Kadai

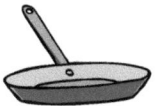

frigideira

Pann

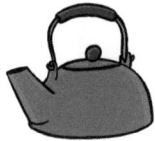

chaleira

Waterkaker

panela a vapor

Dampkaakputt

tabuleiro de forno

Backblick

louça

Geschirr

caneca

Beker

caçarola

Schaal

hashi

Eetsticken

concha de sopa

Suppenkell

espátula

Pannenwenner

batedor

Sneebessen

escorredor

Kaakseef

peneira

Seef

ralador

Riev

almofariz

Mörser

churrasqueira

Grill

lareira

Füerstell

tábua de cortar

Sniedbrett

rolo da massa

Nudelholt

saca-rolhas

Proppentrecker

lata

Doos

abridor de latas

Dosenaapner

pegador de panela

Pottlappen

pia

Waschbecken

escova

Böst

esponja

Swamm

liquidificador

Mixer

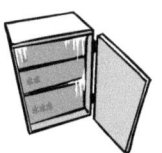

congelador

lesschapp

mamadeira

Nuckelbuddel

torneira

Waterhahn

banheiro
Baadstuuv

aquecimento
Heizung
ducha
Bruus
toalha
Handdook
cortina de chuveiro
Bruusvörhang
banho de espuma
Schuumbad
banheira
Baadwann
copo
Glas
lava-roupa
Waschmaschien
torneira
Waterhahn
azulejos
Fliesen
penico
lütte Putt
pia
Waschbecken

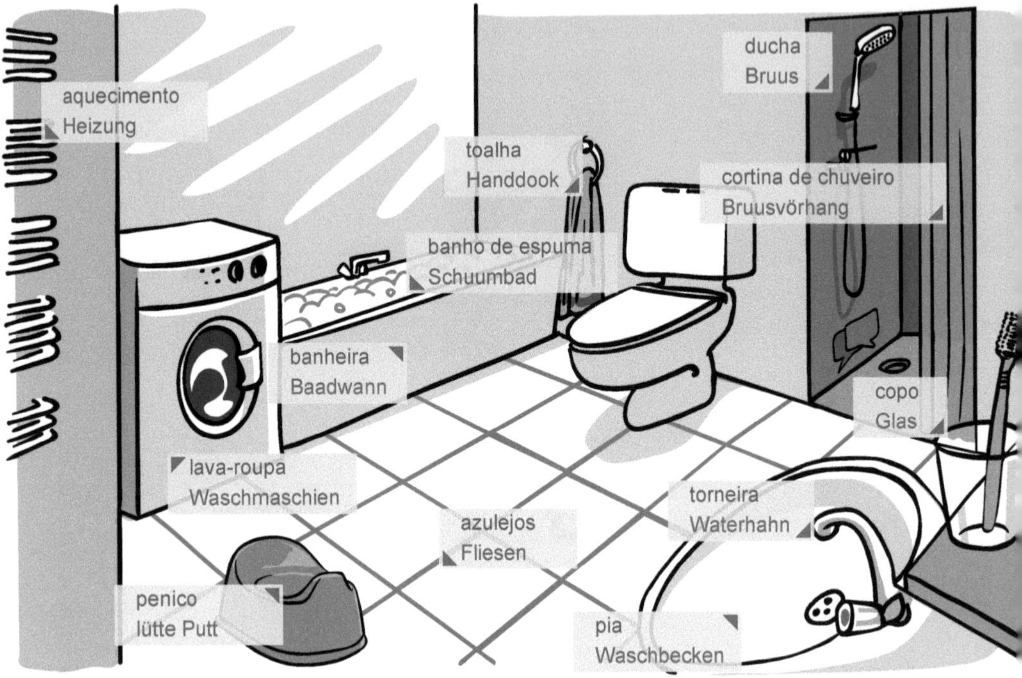

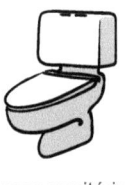

vaso sanitário
Tante Meier

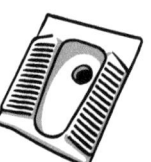

lavabo de agachar
Hockklo

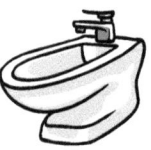

bidê
Bidet

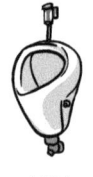

mictório
Miegbecken

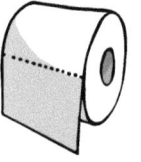

papel higiênico
Klopapeer

escova de privada
Klobōst

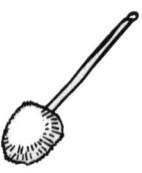

escova de dentes

Tähnböst

pasta de dentes

Tähnpast

fio dental

Tähnsied

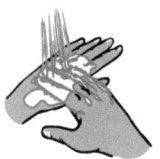

lavar

waschen

ducha de mão

Handbruus

ducha íntima

Intimbruus

bacia

Waschschöttel

escova para as costas

Rüchböst

sabonete

Seep

gel de banho

Bruusgeel

xampu

Hoorwaschmiddel

toalha de rosto

Waschlappen

escoamento

Afloop

creme

Creme

desodorante

Deodorant

espelho

Spegel

espelho de mão

Kosmetikspegel

barbeador

Raserer

espuma de barbear

Raseerschuum

loção pós-barba

Raseerwater

pente

Kamm

escova

Böst

secador de cabelo

Hoordröger

spray de cabelo

Hoorspray

maquiagem

Smink

batom

Lippensticken

esmalte de unhas

Nagellack

algodão

Watt

tesoura para unhas

Nagelscheer

perfume

Rüükwater

nécessaire

Kulturbüdel

banquinho

Schemel

balança

Waag

roupão de banho

Baadmantel

luvas de borracha

Gummihanschen

absorvente interno

Tampon

absorvente íntimo

Damenbinn

banheiro químico

Chemieklo

quarto de criança
Kinnerstuuv

despertador
Wecker
boneco de pelúcia
Knudeldeert
carrinho de brinquedo
Speeltüüchauto
chacoalho
Klöter
casa de bonecas
Poppenhuus
presente
Geschenk

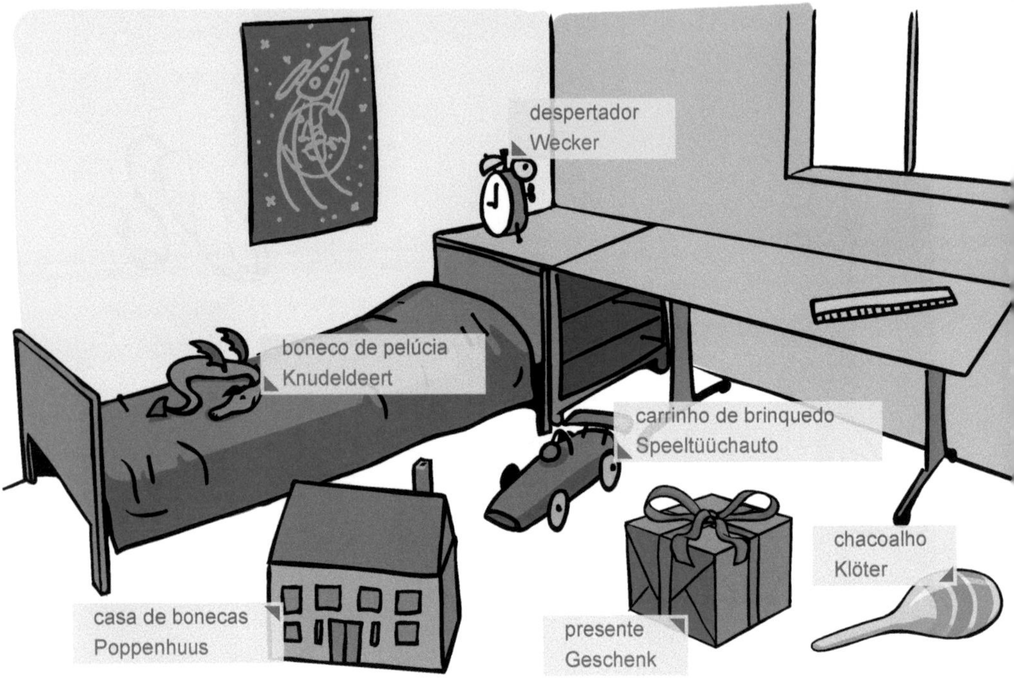

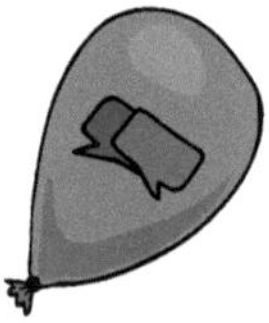

balão

Luftballon

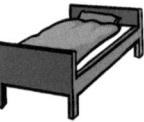

cama

Puuch

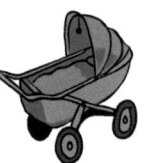

carrinho de bebê

Kinnerwagen

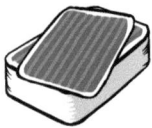

jogo de cartas

Koortenspeel

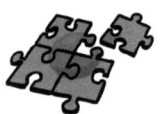

quebra-cabeças

Puzzle

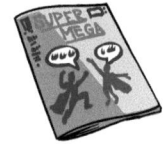

revista de quadrinhos

Billergeschicht

peças de Lego

Legostenen

blocos de construção

Bustenen

figura de ação

Action-Figur

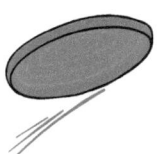

macaquinho de bebê

Strampelantog

frisbee

Frisbeeschiev

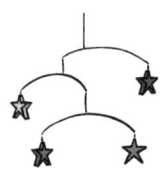

móbile para bebé

Mobile

jogo de tabuleiro

Brettspeel

dados

Wörpel

trenzinho elétrico

Modelliesenbahn

chupeta

Snuller

festa

Party

livro ilustrado

Billerbook

bola

Ball

boneca

Popp

brincar

spelen

caixa de areia

Sandkassen

balanço

Schuckel

brinquedos

Speeltüüch

videogame

Speelkonsool

triciclo

Dreerad

ursinho de pelúcia

Teddyboor

guarda-roupa

Klederschapp

vestuário
Tüüch

meias

Socken

meias pelo joelho

Strümp

meias-calças

Strumpbüx

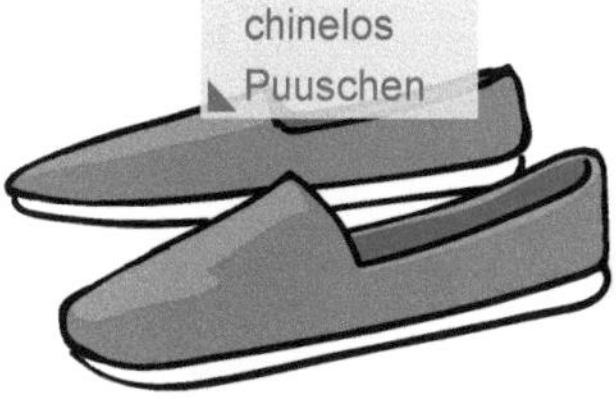

cachecol
Halsdook

guarda-chuva
Paraplü

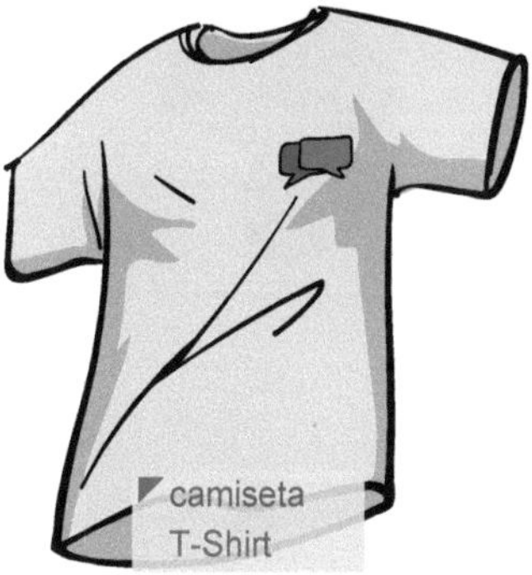

camiseta
T-Shirt

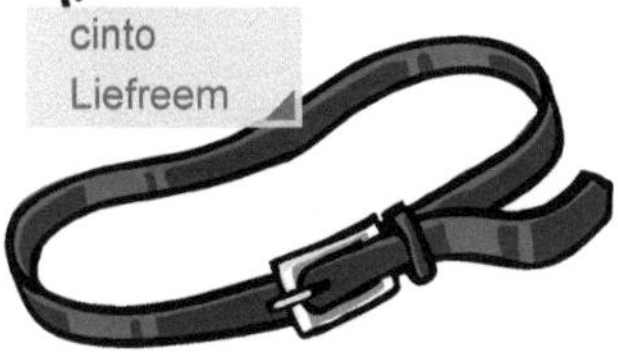

cinto
Liefreem

botas
Stevel

chinelos
Puuschen

tênis
Turnschoh

sandálias
Sandalen

sapatos
Schoh

botas de borracha
Gummistevel

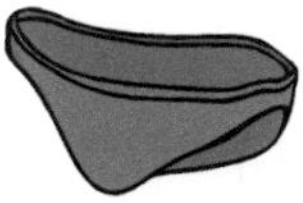

roupa de baixo
Ünnerbüx

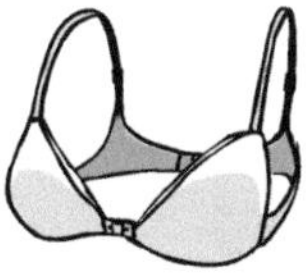

sutiã
Bostholler

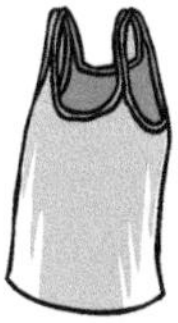

camiseta de baixo
Ünnerhemd

body
....
Lief

calças
....
Büx

jeans
....
Jeansnüx

saia
....
Rock

blusa
....
Bluus

camisa
....
Hemd

pulôver
....
Pullover

suéter com capuz
....
Kapuzenpullover

blazer
....
Blazer

jaqueta
....
Jack

casaco
....
Mantel

gabardine
....
Övertrecker

traje
....
Kostüm

vestido
....
Kleed

vestido de casamento
....
Hochtietskleed

terno

Antog

camisola

Nachtkleed

pijama

Slaapantog

sari

Sari

lenço de cabeça

Koppdook

turbante

Turban

burca

Burka

cafetã

Kaftan

abaya

Abaya

maiô

Baadantog

sunga

Baadbüx

shorts

Korte Büx

roupa de treino

Antog to'n Öven

avental

Schört

luvas

Handschoh

botão

Knopp

óculos

Brill

pulseira

Armband

colar

Halskeed

anel

Ring

brinco

Ohrbummel

boné

Mütz

cabide

Klederbögel

chapéu

Hoot

gravata

Binner

zíper

Rietslüter

capacete

Helm

suspensórios

Drachtband

uniforme escolar

Schooluniform

uniforme

Uniform

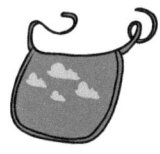

babador

Severböten

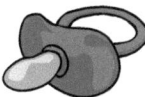

chupeta

Snuller

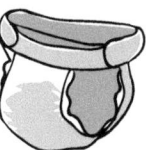

fralda

Winnel

escritório

Büro

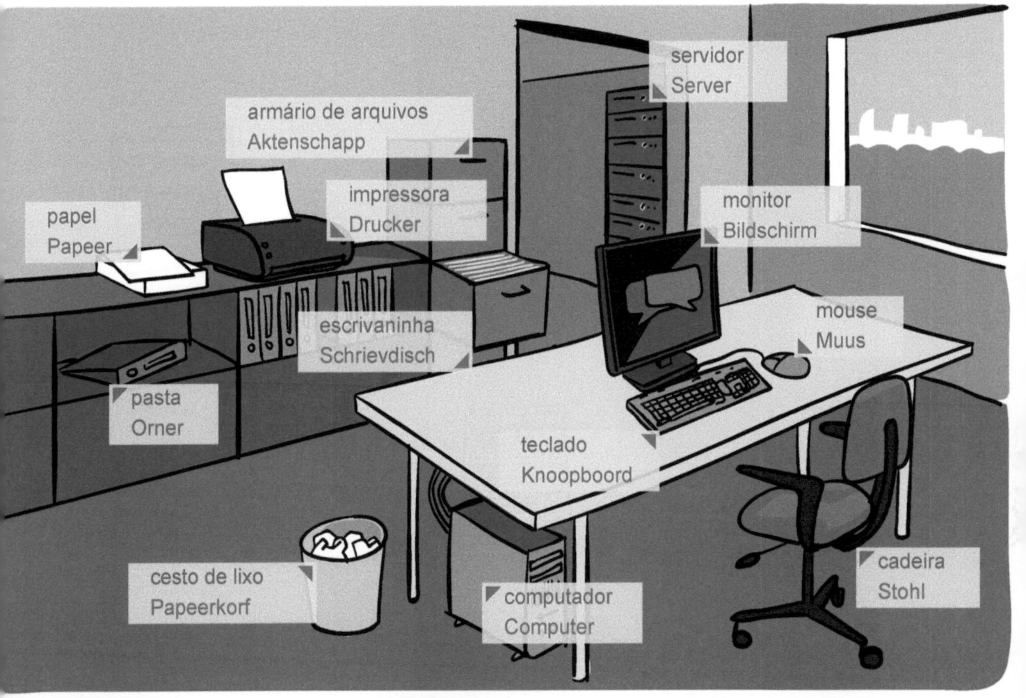
servidor
Server
armário de arquivos
Aktenschapp
impressora
Drucker
papel
Papeer
monitor
Bildschirm
escrivaninha
Schrievdisch
mouse
Muus
pasta
Orner
teclado
Knoopboord
cesto de lixo
Papeerkorf
computador
Computer
cadeira
Stohl

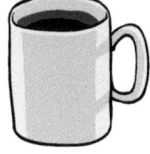

xícara de café

Koffiebeker

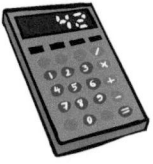

calculadora

Taschenreekner

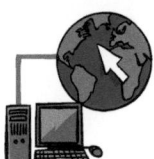

internet

Internet

laptop

Klappreekner

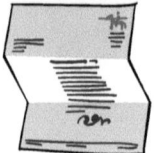

carta

Breef

mensagem

Naricht

celular

Ackersnacker

rede

Nettwark

copiadora

Kopeerapparat

software

Software

telefone

Klöönkassen

tomada

Steekdoos

fax

Faxapparat

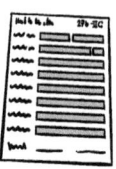

formulário

Formulor

documento

Dokument

comprar
köpen

pagar
betahlen

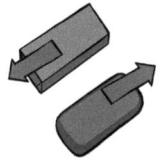

negociar
hanneln

dinheiro
Geld

Dólar
Dollar

Euro
Euro

Yen
Yen

rublo
Ruvel

franco suíço
Swiezer Franken

renminbi yuan
Renminbi Yuan

rupia
Rupie

caixa eletrônico
Geldautomat

casa de câmbio

Wesselstuuv

ouro

Gold

prata

Sülver

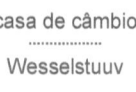

petróleo

Ööl

energia

Energie

preço

Pries

contrato

Verdrag

imposto

Stüer

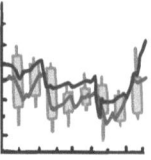

ação

Andeelschien

trabalhar

arbeiden

empregado

Anstellte

empregador

Arbeitgever

fábrica

Fabrik

loja

Hökerie

profissões
Profeschonen

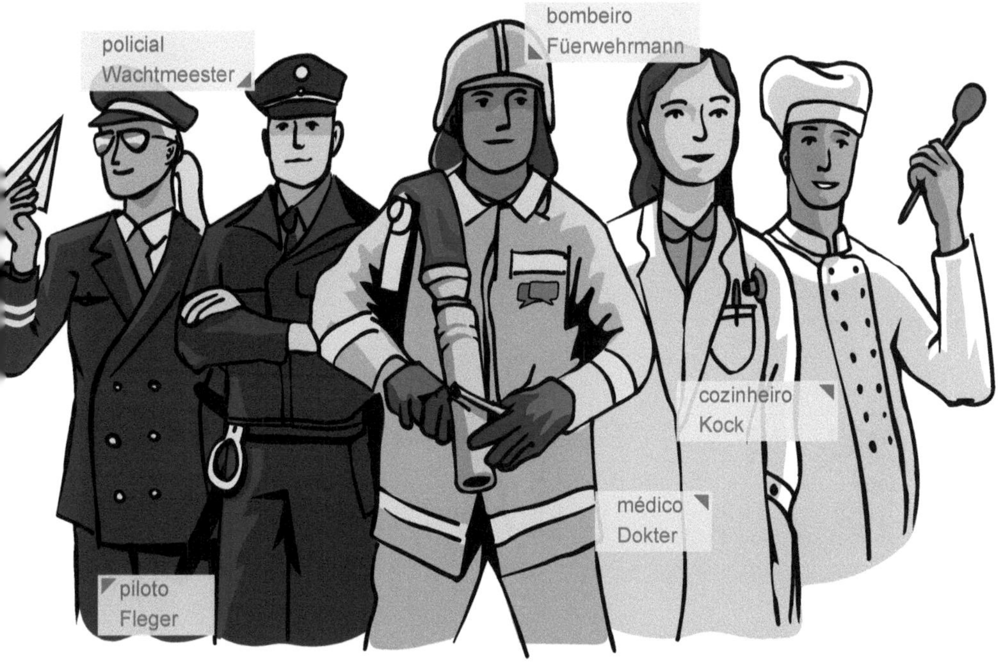
policial
Wachtmeester
bombeiro
Füerwehrmann
cozinheiro
Kock
médico
Dokter
piloto
Fleger

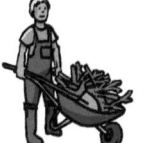

jardineiro

Goorner

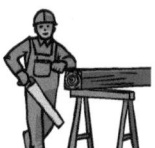

marceneiro

Discher

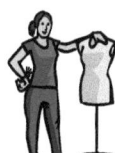

costureira

Neihersche

juiz

Richter

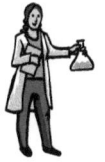

químico

Chemiker

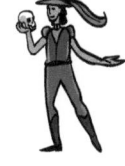

ator

Schauspeler

motorista de ônibus

Busfohrer

motorista de táxi

Taxifohrer

pescador

Fischer

faxineira

Reinmaakfru

telhador

Dackdecker

garçom

Kellner

caçador

Jäger

pintor

Maler

padeiro

Bäcker

eletricista

Elektriker

construtor

Buarbeider

engenheiro

Ingenieur

açougueiro

Slachter

encanador

Klempner

carteiro

Postbüdel

soldado

Suldat

arquiteto

Architekt

caixa

Kasserer

florista

Florist

cabelereiro

Putzbüdel

condutor

Schaffner

mecânico

Mechaniker

capitão

Kaptein

dentista

Tähndokter

cientista

Wetenschopler

rabino

Rabbi

imam

Imam

monge

Mönk

pastor

Paap

ferramentas
Warktüüch

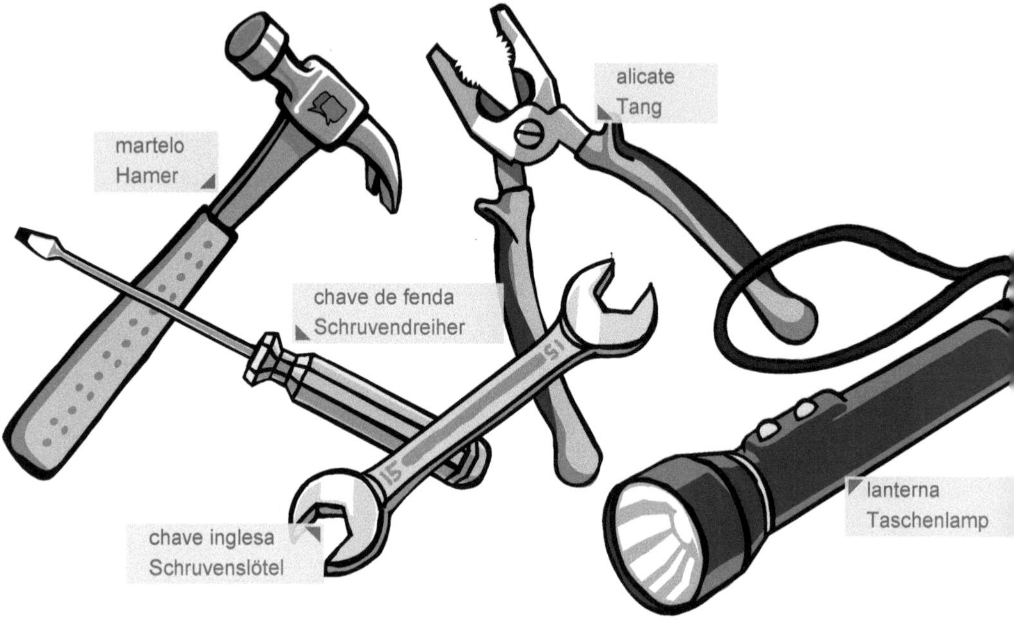
martelo
Hamer
alicate
Tang
chave de fenda
Schruvendreiher
lanterna
Taschenlamp
chave inglesa
Schruvenslötel

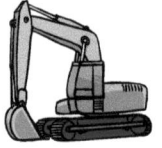

escavadora

Grieper

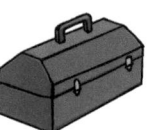

caixa de ferramentas

Warktüüchkassen

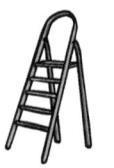

escada de mão

Ledder

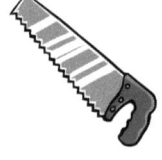

serra

Saag

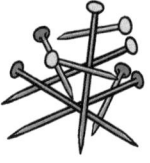

pregos

Nagels

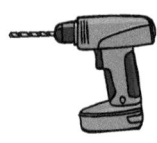

furadeira

Bohrer

consertar

heelmaken

pá

Schüffel

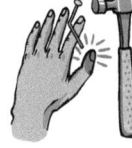

Droga!

Schiet!

pá de lixo

Kehrblick

pote de tinta

Farvpott

parafusos

Schruven

instrumentos musicais
Musikinstrumenten

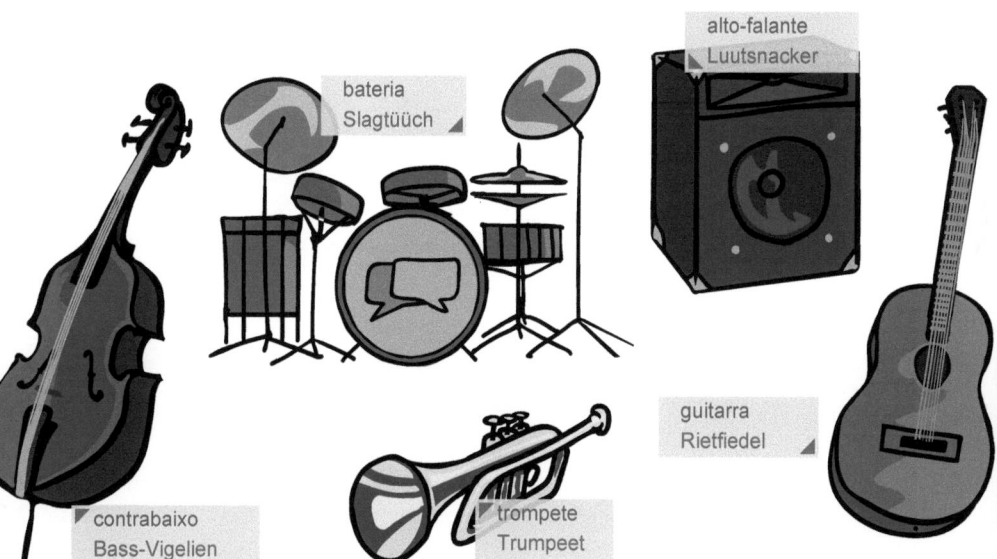

alto-falante
Luutsnacker

bateria
Slagtüüch

guitarra
Rietfiedel

contrabaixo
Bass-Vigelien

trompete
Trumpeet

piano

Klaveer

violino

Vigelien

baixo

Bass

timbales

Pauk

tambor

Trummeln

teclado

Keyboard

saxofone

Saxophon

flauta

Fleut

microfone

Mikrofoon

instrumentos musicais - Musikinstrumenten

zoológico
Deertenpark

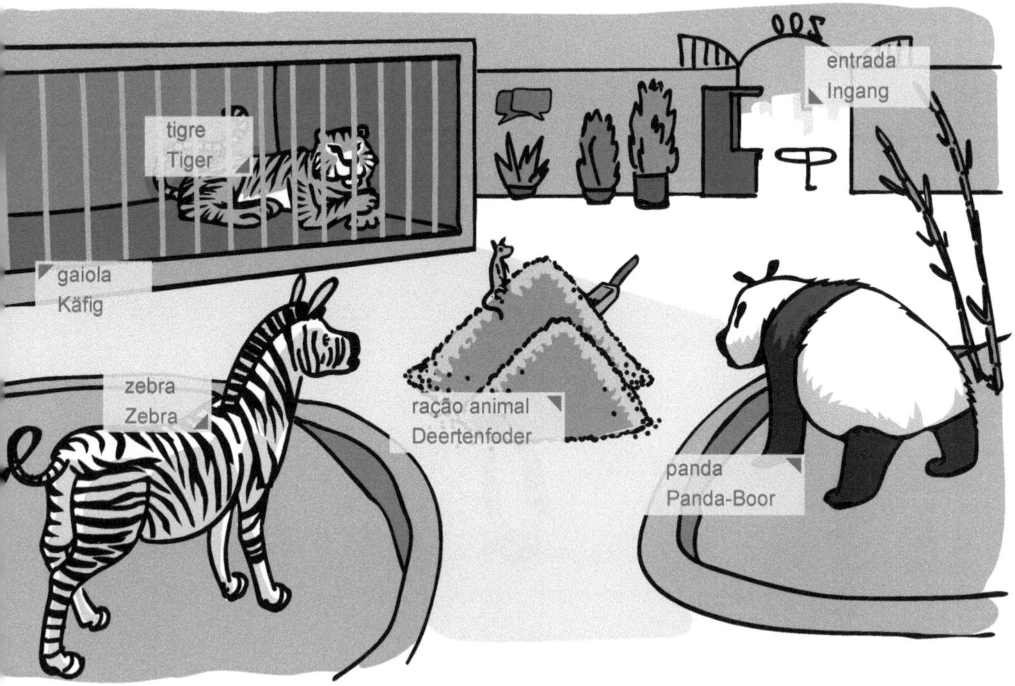
tigre
Tiger
entrada
Ingang
gaiola
Käfig
zebra
Zebra
ração animal
Deertenfoder
panda
Panda-Boor

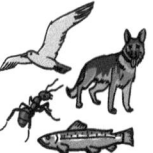

animais
Deerten

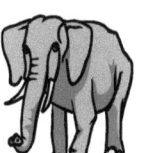

elefante
Elefant

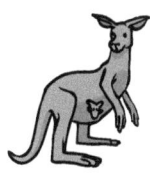

canguru
Känguru

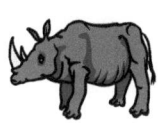

rinoceronte
Neeshoorn

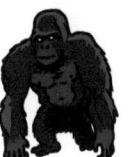

gorila
Gorilla

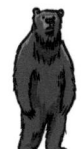

urso
Boor

camelo

Kameel

avestruz

Struuß

leão

Lööv

macaco

Aap

flamingo

Flamingo

papagaio

Papagoi

urso polar

Iesboor

pinguim

Pinguin

tubarão

Haifisch

pavão

Pageluun

cobra

Slang

crocodilo

Krokodil

guarda do zoológico

Oppasser in'n Deertenpark

foca

Saalhund

jaguar

Jaguor

pônei

Pony

leopardo

Leopard

hipopótamo

Nilpeerd

girafa

Giraff

águia

Aadler

javali

Wildswien

peixe

Fisch

tartaruga

Schildkrööt

morsa

Walross

raposa

Voss

gazela

Gazell

futebol americano
Amerikaansch Football

ciclismo
Radfohren

tênis
Tennis

basquete
Korfball

natação
Swümmen

boxe
Boxen

hóquei no gelo
Ieshockey

futebol
Football

badminton
Fedderball

atletismo
Leichtathletik

handebol
Handball

esqui
Skilopen

polo
Polo

atividades
Aktivitäten

pular
springen
abraçar
ümarmen
rir
lachen
andar
gahn
cantar
singen
sonhar
drömen
rezar
beden
beijar
snuteln

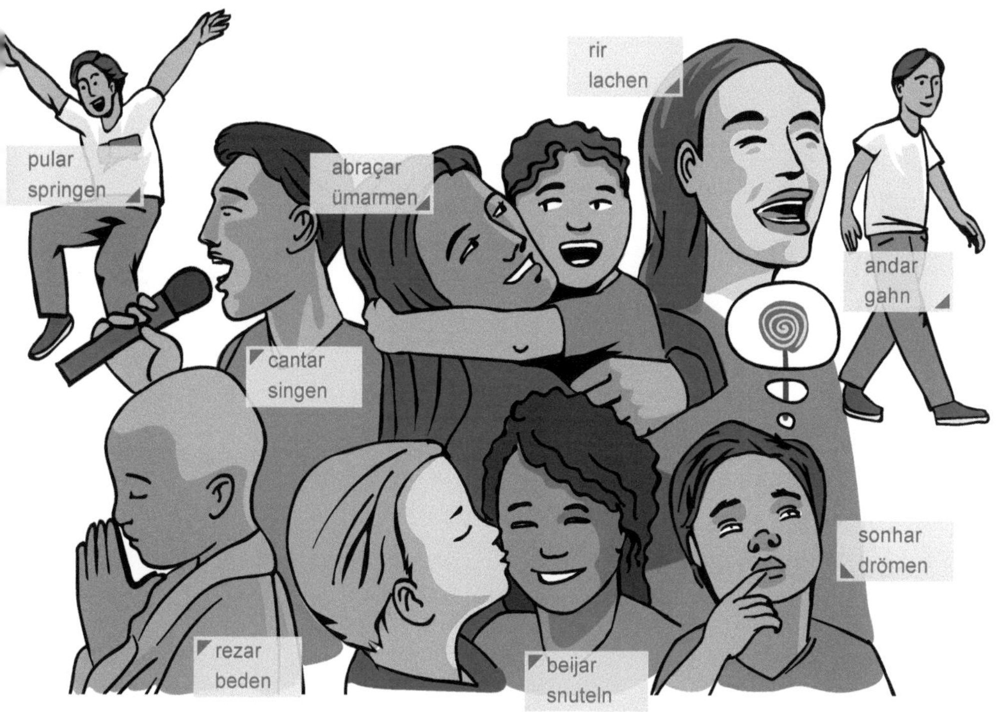

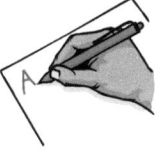

escrever
schrieven

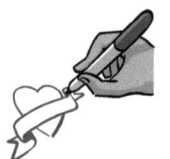

desenhar
teken

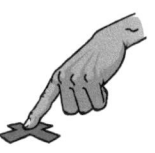

mostrar
wiesen

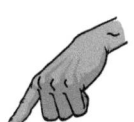

empurrar
drücken

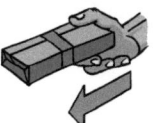

dar
geven

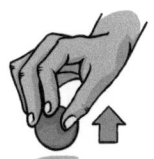

tomar
nehmen

ter
hebben

fazer
doon

ser
sien

ficar de pé
stahn

correr
lopen

puxar
trecken

jogar
smieten

cair
fallen

deitar
liggen

esperar
töven

carregar
dregen

sentar
sitten

vestir
antrecken

dormir
slapen

despertar
opwaken

atividades - Aktivitäten

olhar para

ankieken

chorar

wenen

acariciar

eien

pentear

kämmen

falar

snacken

entender

verstahn

perguntar

fragen

ouvir

hören

beber

drinken

comer

eten

arrumar

oprümen

amar

leefhebben

cozinhar

kaken

dirigir

fohren

voar

flegen

atividades - Aktivitäten

velejar

segeln

calcular

reken

ler

lesen

aprender

lehren

trabalhar

arbeiden

casar

de Plünnen tohoopsmieten

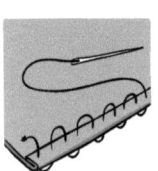

costurar

neihen

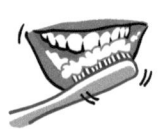

escovar os dentes

Tähnen putzen

matar

dootmaken

fumar

smöken

enviar

schicken

avó
Grootmoder

avô
Grootvadder

pai
Vadder

mãe
Moder

bebê
Winnelkind

filha
Dochter

filho
Söhn

convidado
....
Gast

tia
....
Tant

tio
....
Unkel

irmão
....
Broder

irmã
....
Süster

corpo

Lief

testa
Vörkopp
olho
Oog
ombro
Schuller
dedo
Finger
rosto
Gesicht
queixo
Kinn
mão
Hand
peito
Bost
perna
Been
braço
Arm

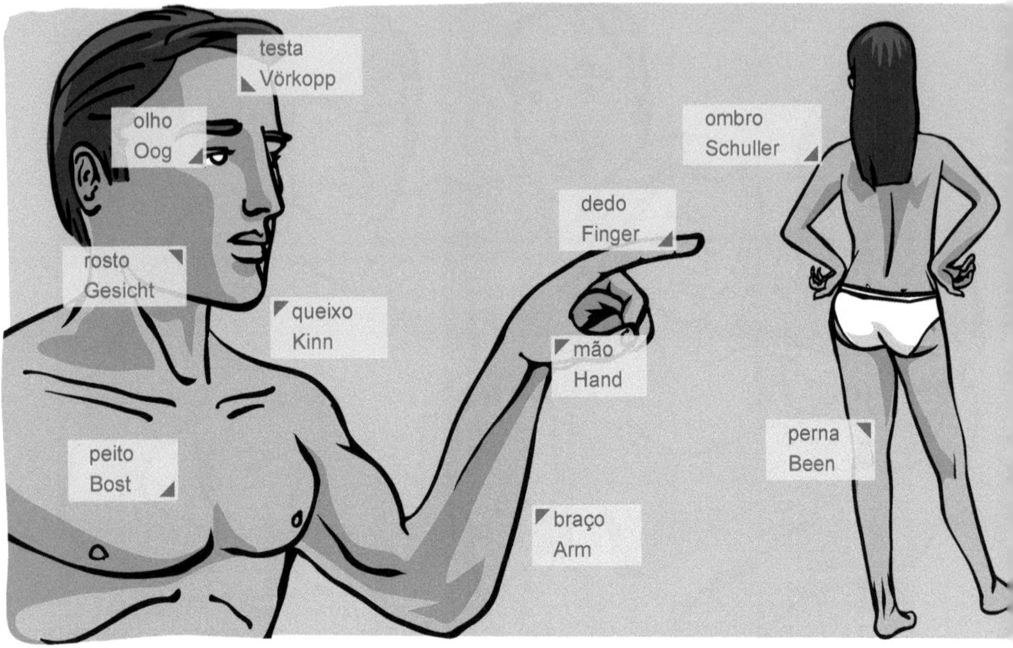

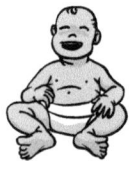

bebê

Winnelkind

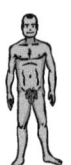

homem

Mann

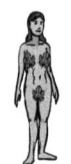

mulher

Fro

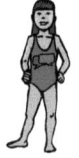

menina

Deern

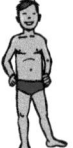

menino

Jung

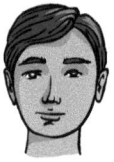

cabeça

Arm

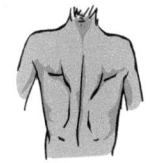

costas

Rüch

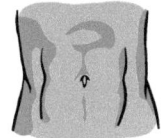

barriga

Buuk

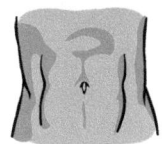

umbigo

Navel

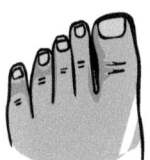

dedo do pé

Teh

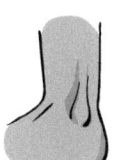

calcanhar

Hack

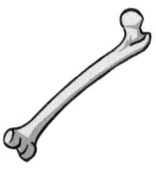

osso

Knaken

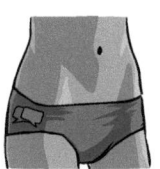

anca

Hüft

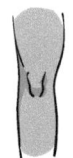

joelho

Knee

cotovelo

Ellbagen

nariz

Nees

nádegas

Achtersen

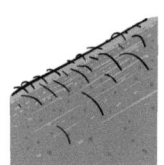

pele

Huut

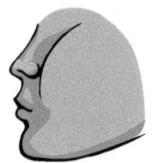

bochecha

Back

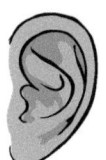

orelha

Ohr

lábio

Lipp

boca
Mund

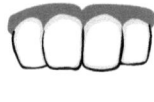

dente
Tähn

língua
Tung

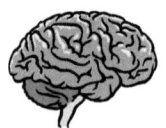

cérebro
Bregen

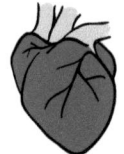

coração
Hart

músculo
Muskel

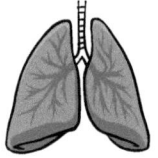

pulmão
Lung

fígado
Lever

estômago
Maag

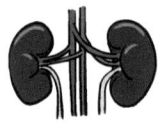

rins
Neren

relações sexuais
Bislaap

preservativo
Kondoom

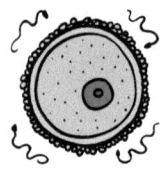

óvulo
Eizell

esperma
Sperma

gravidez
Anner Ümstänn

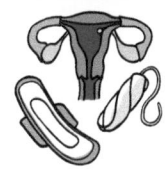

menstruação
Menstruatschoon

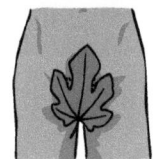

vagina
Scheed

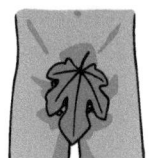

pênis
Pint

sobrancelha
Ogenbroe

cabelo
Hoor

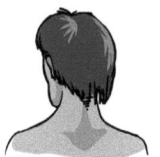

pescoço
Hals

hospital
Krankenhuus

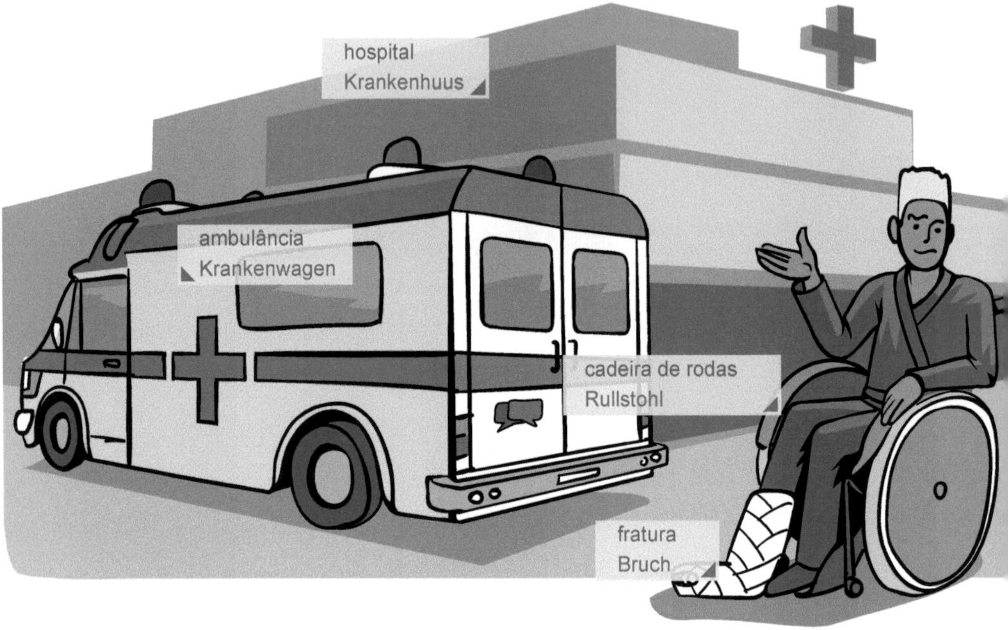

hospital
Krankenhuus
ambulância
Krankenwagen
cadeira de rodas
Rullstohl
fratura
Bruch

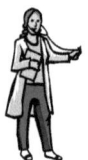

médico
Dokter

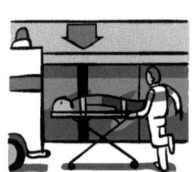

pronto-socorro
Nootopnahm

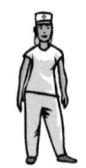

enfermeira
Krankensüster

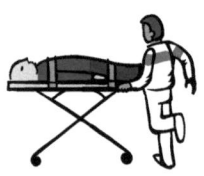

emergência
Nootfall

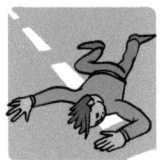

inconsciente
ahnmächtig

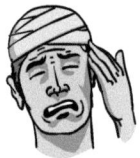

dor
Wehdaag

ferimento

Verwunnen

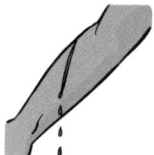

hemorragia

Blöden

ataque cardíaco

Hartinfarkt

acidente vacular cerebral

Slaganfall

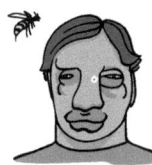

alergia

Allergie

tosse

Hoosten

febre

Fever

gripe

Gripp

diarreia

Dörchfall

dor de cabeça

Koppwehdaag

câncer

Kreeft

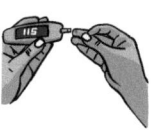

diabetes

Zuckersüük

cirurgião

Chirurg

bisturi

Chirurgsch Mess

operação

Operatschoon

CT

CT

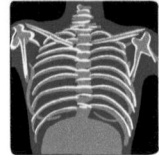

raio x

Dörchlüchten

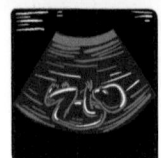

ultrassom

Ultraschall

máscara

Mask

doença

Krankheit

sala de espera

Töövruum

muleta

Krück

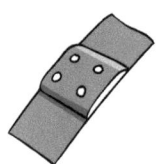

bandeide

Plaaster

ligadura

Verband

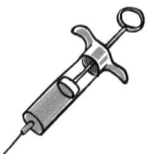

injeção

Insprütten

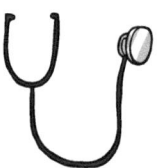

estetoscópio

Stethoskop

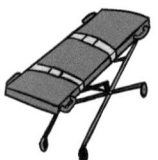

maca

Draag

termômetro

Feverthermometer

nascimento

Geboort

excesso de peso

Övergewicht

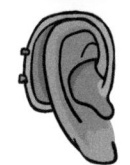

aparelho auditivo

Höörapparat

desinfetante

Kiemfriemiddel

infecção

Ansteken

vírus

Virus

HIV / AIDS

HIV / AIDS

medicamento

Heelmiddel

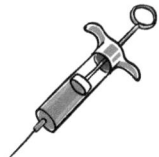

vacinação

Impen

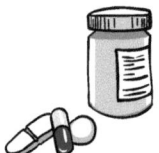

comprimidos

Tabletten

pílula

Pill

chamada de emergência

Nootroop

dispositivo de medição de pressão arterial

Blootdruck-Meter

doente / saudável

krank / gesund

Socorro!

Hölp!

alarme

Alarm

assalto

Överfall

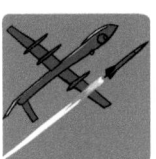

ataque

Angreep

perigo

Gefohr

saída de emergência

Nootutgang

Fogo!

Füer!

extintor de incêndios

Füerlöscher

acidente

Unfall

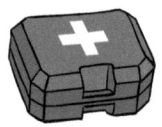

maleta de primeiros socorros

Noothölpkoffer

SOS

SOS

polícia

Polizei

Europa

Europa

América do Norte

Noordamerika

América do Sul

Süüdamerika

África

Afrika

Ásia

Asien

Austrália

Australien

Atlântico

Atlantik

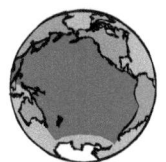

Pacífico

Pazifik

Oceano Índico

Indisch Weltmeer

Oceano Antártico

Antarktisch Weltmeer

Oceano Ártico

Arktisch Weltmeer

Polo Norte

Noordpol

Polo Sul

Süüdpol

Antártica

Antarktis

Terra

Eerd

terra

Land

mar

See

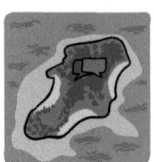

ilha

Eiland

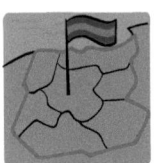

nação

Natschoon

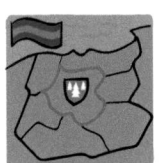

estado

Staat

mostrador do relógio

Tallenblatt

ponteiro das horas

Stunnenwieser

ponteiro dos minutos

Minutenwieser

ponteiro dos segundos

Sekunnenwieser

Que horas são?

Wo laat is dat?

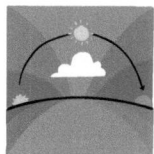

dia

Dag

tempo

Tiet

agora

nu

relógio digital

digetaalsch Klock

minuto

Minuut

hora

Stunn

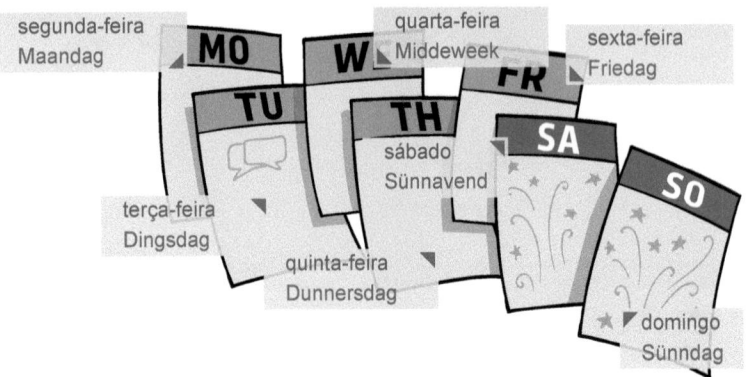

segunda-feira
Maandag

quarta-feira
Middeweek

sexta-feira
Friedag

terça-feira
Dingsdag

sábado
Sünnavend

quinta-feira
Dunnersdag

domingo
Sünndag

ontem
güstern

hoje
hüüt

amanhã
morgen

manhã
Morgen

meio-dia
Meddag

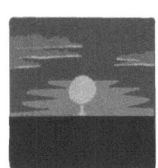

entardecer
Avend

MO	TU	WE	TH	FR	SA	SU
1	2	3	4	5	6	7
8	9	10	11	12	13	14
15	16	17	18	19	20	21
22	23	24	25	26	27	28
29	30	31	1	2	3	4

dias úteis
Arbeitsdaag

MO	TU	WE	TH	FR	SA	SU
1	2	3	4	5	6	7
8	9	10	11	12	13	14
15	16	17	18	19	20	21
22	23	24	25	26	27	28
29	30	31	1	2	3	4

fim de semana
Wekenenn

ano
Johr

chuva
Regen
arco-íris
Regenbagen
vento
Wind
neve
Snee
primavera
Fröhjohr
outono
Harvst
verão
Sommer
inverno
Winter

4.APRIL 11°
5.APRIL 4°
6.APRIL 13°
7.APRIL 8°
8.APRIL 10°

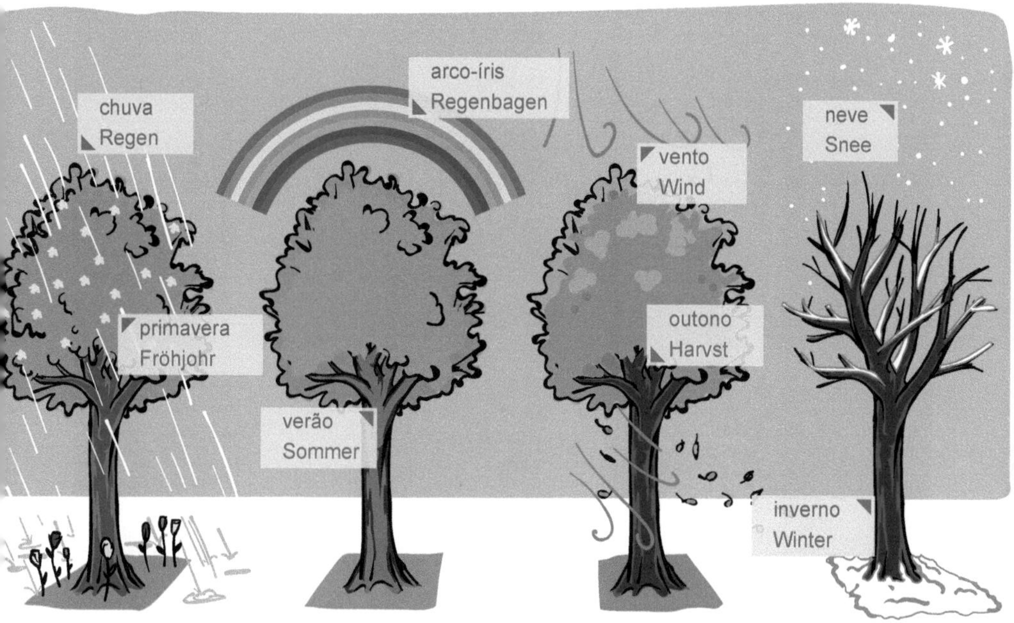

previsão do tempo

Wedervörhersaag

F
C
120
90
60
30
0
-30
40
30
20
10
0
-10
-20

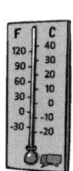

termômetro

Thermometer

raio de sol

Sünnenschien

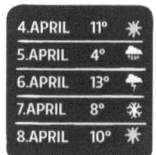

nuvem

Wulk

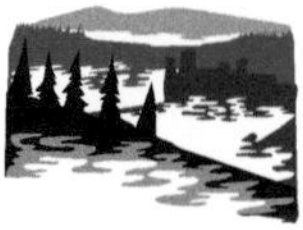

neblina / nevoeiro

Nevel

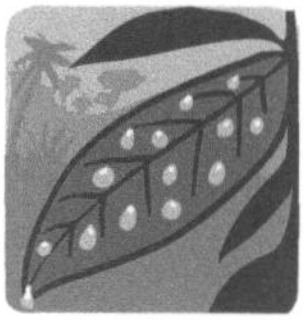

umidade do ar

Luftfuchtigkeit

relâmpago
Blitz

trovão
Dunner

tempestade
Storm

granizo
Hagel

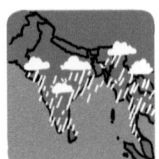

monção
Monsun

inundação
Floot

gelo
Ies

janeiro
Januormaand

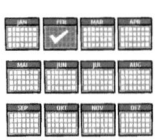

fevereiro
Februormaand

março
Martmaand

abril
Aprilmaand

maio
Maimaand

junho
Junimaand

julho
Julimaand

agosto
Augustmaand

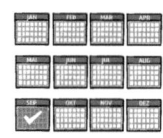

setembro

Septembermaand

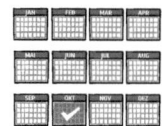

outubro

Oktobermaand

novembro

Novembermaand

dezembro

Dezembermaand

formas
Formen

círculo

Krink

quadrado

Quadrat

retângulo

Rechteck

triângulo

Dreeeck

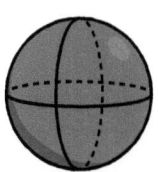

esfera

Kugel

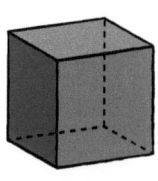

cubo

Wörpel

branco
witt

amarelo
geel

laranja
orangsch

rosa
pink

vermelho
root

lilás
lila

azul
blau

verde
gröön

marrom
bruun

cinza
gries

preto
swart

muito / pouco

veel / wenig

furioso / tranquilo

böös / verdreeglich

lindo / feio

smuck / mies

começo / fim

Begünn / Enn

grande / pequeno

groot / lütt

claro / escuro

hell / düüster

irmão / irmã

Broder / Süster

limpo / sujo

schier / schietig

completo / incompleto

kumpleet / nich kumpleet

dia / noite

Dag / Nacht

morto / vivo

doot / lebennig

largo / estreito

breet / small

comestível / não comestível

geneetbor / nich geneetbor

mau / gentil

böös / fründlich

entusiasmado / entediado

fickerig / langwielt

gordo / magro

dick / dünn

primeiro / último

toeerst / toletzt

amigo / inimigo

Fründ / Fiend

cheio / vazio

vull / leddig

duro / macio

hart / week

pesado / leve

swoor / licht

fome / sede

Smacht / Döst

doente / saudável

krank / gesund

ilegal / legal

nich na't Recht / na't Recht

inteligente / idiota

klook / dummerhaftig

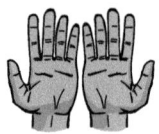

esquerda / direita

linkerhand / rechterhand

perto / longe

neeg / feern

novo / usado

nieg / bruukt

nada / alguma coisa

nix / wat

velho / jovem

oolt / jung

ligado / desligado

an / ut

aberto / fechado

apen / slaten

baixo / alto

lies / luut

rico / pobre

riek / arm

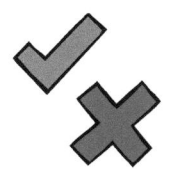

certo / errado

richtig / verkehrt

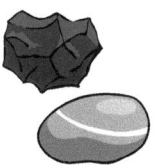

áspero / liso

ruug / glatt

triste / feliz

trurig / glücklich

curto / longo

kort / lang

lento / rápido

suutje / flink

molhado / seco

natt / dröög

ameno / fresco

warm / köhl

guerra / paz

Krieg / Freden

0	**1**	**2**
zero	um	dois
null	een	twee

3	**4**	**5**
três	quatro	cinco
dree	veer	fief

6	**7**	**8**
seis	sete	oito
söss	söven	acht

9	**10**	**11**
nove	dez	onze
negen	teihn	ölven

12

doze
....
twölf

13

treze
....
dörteihn

14

quatorze
....
veerteihn

15

quinze
....
föffteihn

16

dezesseis
....
sössteihn

17

dezessete
....
söventeihn

18

dezoito
....
achtteihn

19

dezenove
....
negenteihn

20

vinte
....
twintig

100

cem
....
hunnert

1.000

mil
....
dusend

1.000.000

milhão
....
million

números - Tallen

inglês

Engelsch

inglês americano

Amerikaansch Engelsch

chinês mandarim

Chineesch Mandarin

hindi

Hindi

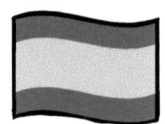

espanhol

Spaansch

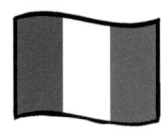

francês

Franzöösch

árabe

Araabsch

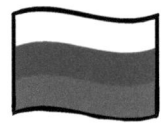

russo

Rusch

português

Portugiesch

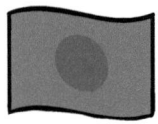

bengalês

Bengaalsch

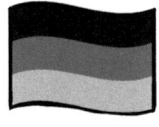

alemão

Düütsch

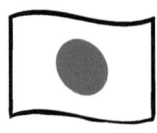

japonês

Japaansch

eu

ik

você

du

ele / ela

he / se / dat

nós

wi

vocês

ji

eles / elas

se

quem?

keen?

O quê?

wat?

como?

woans?

onde?

woneem?

Quando?

wannehr?

nome

Naam

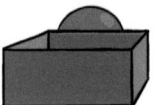

atrás

achter

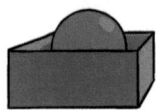

em

in

na frente de

vör

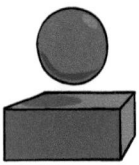

sobre

över

em cima

op

debaixo

ünner

do lado

blangen

entre

twüschen

lugar

Oort